LE
SIÉGE D'ARBOIS
EN 1674

PAR M. GIRARD.

LONS-LES-AUNIER

IMPRIMERIE J. DECLUME

—

1879

LE SIÉGE D'ARBOIS EN 1674

Le récit que nous donnons du siége d'Arbois en 1674 a été rédigé sur des documents d'origine diverse ; mais nous avons emprunté les circonstances principales, et, si l'on peut dire ainsi, le corps même de la narration à un manuscrit copié par l'abbé Gillaboz sur un texte plus ancien qui est resté inconnu. Cette relation se recommande à divers titres. On y trouve en particulier une telle précision de détails et un accent si vrai de sincérité et de naïveté, que nous l'attribuerions volontiers à un témoin oculaire et que nous lui donnons toute confiance.

Notre intention première était de publier ce document tel qu'il a été conservé. Malheureusement l'auteur n'a pas su composer ni ordonner son récit. Il en a fait à vrai dire deux relations distinctes, juxtaposées, présentant les faits de deux façons différentes ; il en résulte de la confusion et de l'obscurité ; l'ensemble est d'une lecture laborieuse. Nous avons pensé qu'il valait mieux, à tout prendre, tirer de ces éléments la substance d'un travail original, nous réservant de compléter et de contrôler nos renseignements sur d'autres textes encore inédits ou sur des ouvrages déjà connus.

Voici du reste très sommairement l'indication des sources auxquelles nous avons puisé et des ouvrages que nous avons surtout consultés :

1° Relation du siége de la ville d'Arbois par les Français au mois de mars 1674. Manuscrit de l'abbé Gillaboz.

2º Notes chronologiques sur l'histoire de la ville d'Arbois textuellement extraites des registres de l'hôtel de ville ; manuscrit de la bibliothèque d'Arbois.

3º Relation du siége de la ville d'Arbois par l'armée française au mois de mars 1674, par un témoin oculaire inconnu, publiée par M. Bousson de Mairet à la suite du capitaine Morel. Arbois, 1836.

4º Annales historiques de la ville d'Arbois par M. Bousson de Mairet, et Soirées Jurassiennes du même auteur.

5º Huit ans de l'histoire de Salins et de la Franche-Comté, 1668 à 1675, mémoires contemporains publiés par A. Vayssière. Poligny 1876.

Ce siége de 1674 est un des épisodes les plus dramatiques de la seconde conquête de la Franche-Comté, et il mériterait d'être mieux connu. La plupart des historiens n'y ont vu qu'un fait de guerre insignifiant. Il y aurait eu pourtant, semble-t-il, quelque justice à ne point passer sous silence la résistance qu'opposa à des troupes aguerries et disciplinées une pauvre bourgade abandonnée par sa garnison, privée de sa milice, et n'ayant d'autres défenseurs qu'une poignée de bourgeois sans armes et sans munitions. Ces bourgeois combattirent avec un acharnement inouï, nous dirions presque un fanatisme farouche, faisant de gaieté de cœur l'abandon de leur vie et de leurs biens, livrant eux-mêmes leurs maisons aux flammes, laissant leurs femmes et leurs filles s'enrôler en habits d'hommes parmi les combattants, s'exposer aux dangers et verser leur sang pour le salut commun.

La bravoure et le patriotisme étaient héréditaires dans cette population marquée d'une forte et puissante empreinte. Peu de villes ont eu autant d'attaques à repousser, de siéges à soutenir, de désastres à réparer.

De 1595 à 1674, dans l'espace de moins d'un siècle, Arbois a été plusieurs fois prise, pillée, ou brûlée. Doués d'une indomptable énergie, rudes et âpres comme leur sol qu'ils ont fini par vaincre et assouplir, mobiles, pleins de contrastes, capricieux comme leur climat, les Arboisiens ont toujours été pour leurs maîtres des sujets fidèles, mais fiers et peu maniables, pour leurs ennemis de redoutables adversaires.

Vers la fin du 16e siècle, un chef de bande, Louis de Beauveau-Tremblecourt, que son aventureuse destinée et le désir du pillage avaient amené sous les murs d'Arbois, se décida à battre en retraite devant l'attitude résolue des habitants : « Allons-nous en, disait-il à ses officiers ; il n'y a rien à faire avec ces gens-là : ils sont du naturel de leur vin qui frappe partout. » Le vieux routier ne pouvait mieux dire. Il peignait d'un mot cette fougue naturelle propre aux Arboisiens et qui les porte à tous les genres d'audace, cette impétuosité d'un tempérament tout en saillies, et ces ardeurs bouillantes d'un sang qu'échauffe l'usage habituel d'un vin capiteux et violent.

Ces dispositions premières qui font le fond du caractère arboisien s'accentuèrent encore sous l'action des circonstances et des événements politiques. Les années qui suivirent la première conquête, de 1668 à 1674, ne furent qu'une crise violente et prolongée. On ne peut comprendre ce siége de 1674 que si l'on connaît bien l'état tout particulier dans lequel se trouva la ville à cette époque. Nous avons dû par conséquent jeter un coup d'œil rapide sur cette période troublée. Les agitations et les émeutes, les ressentiments du patriotisme meurtri et humilié, les défiances, les paniques, toutes les passions déchaînées, voilà ce qu'il nous a fallu retracer en quelques mots. Le lecteur ainsi mis au courant ne s'étonnera pas qu'une situation si tendue ait déterminé une terrible et fatale explosion.

A peine les Français, évacuant la Franche-Comté en vertu du traité d'Aix-la-Chapelle, ont-ils quitté le territoire d'Arbois, que les passions contenues jusqu'alors par leur présence éclatent tout à coup. Comme toutes les villes de la province, une des premières, Arbois a son émeute. L'autorité municipale méprisée, bafouée, tremblante devant l'irritation populaire, se dérobe comme elle peut aux responsabilités de la situation. Dès le 9 juin 1668, le prieuré est envahi et saccagé. Le prieur, l'abbé de Chamilly, frère du comte de Chamilly, officier français, secrétaire du prince de Condé, qui pendant la guerre fut employé à des négociations suspectes (1), n'échappe à la populace qu'en se précipitant de la haute muraille du cimetière près du moulin des Terreaux. Quand il revint au bout d'un an, il dut rentrer de nuit dans son prieuré, et encore, en dépit de cette précaution et de la lettre de sauve-garde qu'il tenait du gouverneur, le prince d'Arenberg, ne fut-il qu'à grand' peine préservé de nouveaux outrages de la part des habitants, et des fureurs de la garnison. Ses religieux eux-mêmes furent sur le point de lui faire un mauvais parti en présence des magistrats et de la population attirés par le bruit. « Tuez-le sans crainte, criait le peuple, c'est un traître, c'est un excommunié: nous irons tous ensuite chanter un Te Deum » (2).

L'irritation et le malaise vont croissant chaque jour. La populace qui ne voit partout que traîtres, Armagnacs, espions, consciences vendues, enveloppe dans une même haine toutes les autorités qu'elle a respectées jusqu'alors. Tout se désorganise, tout se dissout : en ce temps d'anarchie

(1) Voir les Etats, le Parlement de Franche-Comté et la conquête de 1668, par M. Perraud, page 280.

(2) Notes chronologiques textuellement extraites des registres de l'hotel de ville. Août 1670.

les violents sont les maîtres, et avec eux règne la terreur. Les plus sages ont perdu tout sang-froid, toute dignité ; il semble que tous soient possédés d'un même esprit de vertige et de démence. Au prieuré, comme on vient de le voir, les religieux donnent le scandale d'une révolte contre le Prieur ; au chapitre de Notre-Dame, les chanoines traitent publiquement les magistrats d'Armagnacs, et les magistrats leur rendant injure pour injure les traitent à leur tour de poltrons et de fuyards ; à Saint-Just, deux prétendants se disputent la cure ; l'un d'eux s'impose par force, supprime aux Familiers leurs revenus, et en pleine chaire insulte les officiers municipaux ; à l'hôtel de ville, les membres du conseil en viennent aux voies de fait et l'on est obligé de requérir la garde bourgeoise pour rétablir l'ordre ; dans la rue enfin se renouvellent presque chaque nuit des scènes sanglantes, les *batteurs de pavé* munis d'épées et d'armes à feu arrêtent les passants, brisent les fenêtres, enfoncent les portes et dévastent au dehors les jardins et les vergers.

De temps à autre, à intervalles de plus en plus rapprochés, dans cette population éperdue, éclatent, sans qu'on en sache la cause, de soudaines paniques, circulent, enflés, grossis par des imaginations malades, de sinistres rumeurs, des bruits de guerre, d'effrayants récits. L'émoi se communique aux magistrats ; l'effarement leur ôte la possession d'eux-mêmes : loin de rassurer ou de calmer, ils augmentent encore l'effroi populaire par des mesures intempestives et d'étranges prescriptions.

Dès le 2 janvier 1669, le bruit se répand que les Français approchent. La foule consternée se presse dans les églises où le Saint-Sacrement reste exposé, tous les ecclésiastiques, officiellement convoqués, font des prières solennelles pour apaiser l'ire de Dieu et obtenir la paix. Les alertes se succèdent et, chaque fois, les magistrats étalent, comme à plaisir et aux yeux de tous, toutes les inquiétudes, toutes les préoccupations qui les dominent. Ils font en grand appareil la visite des remparts, édifient, abattent, consolident, ferment les portes, les murent parfois à chaux et à *raines* ; sur le clocher des hommes sont postés qui à chaque demi-heure font le tour des margelles en sonnant une clochette. L'imminent péril est proclamé. Du haut de l'ermitage, le frère Hilarion Lespaly veille au loin sur la campagne : dès qu'il apercevra l'ennemi, il allumera des feux sur la montagne et le signal se communiquera de proche en proche jusqu'aux points les plus éloignés. Il ne sera pas pris au dépourvu, car des corvées ont déjà fait des coupes et conduit le bois aux endroits les plus éminents.

On voit à jour fixe arriver des villages voisins des délégués qui comparaissent devant le Mayeur et viennent faire leur devoir de *retrahants*. Les habitants des faubourgs se tiennent prêts à déménager au premier avis et à se réfugier dans l'intérieur de la ville ; les propriétaires devront les loger, eux, leurs meubles et leur vin.Un jour enfin arriva, c'était la veille des hostilités, le 26 janvier 1674, où l'on crut nécessaire d'emballer les sanctuaires, objets précieux, titres et papiers de la ville, reliques de Notre-Dame, et de les envoyer en toute hâte au château de Sainte-Anne, il semblait que Dieu lui-même abandonnât la ville ; la population assista morne et sombre à ces lugubres apprêts.

Dans ces tristes circonstances, les têtes prenaient feu facilement, les ardents parlaient haut, les factieux commandaient, les modérés courbaient la tête sous les caprices impérieux de la foule ignorante et affolée. Les édits du Magistrat paraissent coup sur coup, tantôt raisonnables, tantôt violents, tantôt simplement ridicules, suivant les courants d'opinion. On y trouve la trace des propositions outrées, des motions extravagantes ; on y sent la pression des bruyants orateurs de carrefours, des partisans de la lutte sans merci ; on y entend l'écho des scènes orageuses.

Les dizaines sont tenues sous les armes nuit et jour. Des éclaireurs sont envoyés dans la campagne ; chaque matin ils reviennent avant l'ouverture des portes, rendre compte de leurs reconnaissances trop souvent tumultueuses. Le guet du clocher est chargé d'annoncer avec la grosse cloche, à l'aide d'un système de sonnerie compliquée, l'approche de l'ennemi, la direction qu'il suit, la nature et jusqu'à l'effectif des troupes qu'il aura aperçues soit de jour, *soit de nuit.* Défense est faite de s'introduire dans les corps de garde, pour y boire ou pour y jouer, de tirer la nuit sans nécessité. Manants et habitants doivent se munir de bonnes armes, d'une livre de poudre et de deux livres de plomb en balles ; les pauvres gens sont autorisés à n'avoir que des piques. Un armurier est appelé de Moustier pour remettre les vieilles armes en état. Aucun habitant ne peut plus quitter la ville, sous quelque prétexte que ce soit, à moins de mille livres d'amende. Tous les ecclésiastiques sont invités à prendre les armes et à faire la garde. Les habitants des faubourgs, le 29 décembre 1673, reçoivent l'ordre de transporter immédiatement dans la ville, leurs personnes, leurs meubles, même les échelles, fourrages et sarments, sous peine de pillage et d'amende arbitraire. Un dernier édit, digne couronnement de tous les autres, porte enfin que le premier qui parlera de se rendre sera pendu sans rémission ni grâce.

Plusieurs fois du reste la municipalité a pris l'engagement solennel d'opposer à l'ennemi la plus énergique résistance. « Nous vous assurons, écrivait, le 11 mars 1673, le Magistrat d'Arbois à celui de Salins, que tous nos habitants verront couler avec plaisir jusqu'à la dernière goutte de leur sang, pourvu qu'il soit répandu pour le service de S. M. et pour le bien de la province (1). » Et le 24

___

(1) Voici le texte de la lettre du Magistrat d'Arbois :

Messieurs, nous avons reçu votre lettre du neuvième de ce mois, et eu beaucoup de joie d'apprendre vos fortes résolutions de plutôt périr que de voir chez vous un ennemy vainqueur. Nous vous asseurons que

novembre suivant, le gouverneur espagnol M. d'Alvelda recevait une députation du conseil officiellement chargée de lui porter l'assurance que la ville était fermement résolue à *se défendre aux occurrences* et à se maintenir sous l'heureuse domination de S. M. catholique.

Telles étaient les dispositions des Arboisiens au moment où commencèrent les hostilités. Aussitôt que la déclaration de guerre fut connue, dès le 20 octobre 1673, M. d'Alvelda prévoyant que l'ennemi marcherait sur Salins, s'empressa de réunir (1) dans cette ville une grande partie des forces

tous nos habitants ont le mesme sentiment, et qu'ils verront couler avec plaisir jusqu'à la dernière goutte de leur sang, pourvu qu'il soit respandu pour le service de S. M. et pour le bien de la Province. Desjà nous avons fait partir nos eslus de milice, que vous trouverez gens bien faits et de grand cœur. Nous avons aussi ordonné à nos maçons et charpentiers de se rendre incessamment chez vous pour vous aider à réparer vos fortifications. Et comme plusieurs de nos jeunes hommes et des plus braves, se sont donnés de bonne volonté aux cantonniers (compagnies de partisans), pour preuve aussi de leur affection au service de S. M., il ne nous reste donc de monde que ce qui nous est nécessaire pour la défense de nos murailles et de ce qui y est enclos. Soyez, s'il vous plaît, persuadés, qu'en toutes occasions où il y aura de vos intérêts, nous n'y oublierons rien, et que nous sommes affectueusement, Messieurs, vos très humbles et très affectionnés serviteurs. » (Notes chronologiques, etc...)

(19 janvier 1674) Le Gouverneur étant arrivé à Salins, les magistrats d'Arbois s'empressent de se présenter devant lui, 1° pour le congratuler ; 2° pour lui demander aide et secours en cas de guerre ; 3° pour l'assurer qu'ils sont tout disposés à combattre pour se maintenir sous l'heureuse domination de S. M. catholique. Le prince leur répond : qu'il n'a jamais douté du dévouement et de la fidélité des habitants d'Arbois envers leur prince légitime ; que leur bravoure est bien connue de tous et qu'il les soutiendrait de tout son pouvoir en cas de guerre. (Notes extraites des registres de l'hôtel de ville.)

(1) La garnison de Salins comprenait déjà deux régiments de troupes réglées et plusieurs compagnies de milice avec de l'artillerie. Le gouverneur y envoya le colonel Chapuis avec sa compagnie franche de 79 hommes, 50 volontaires d'Arbois et quatre compagnies de cantonniers, tirées de la Franche-Montagne et conduites selon l'ancien usage par

dont il pouvait disposer. La ville d'Arbois ne fut pas long-temps sans s'apercevoir qu'elle ne devait plus compter que sur elle-même. Elle vit sortir successivement de ses murs les quatre compagnies dont se composait sa garnison, les élus de sa milice, *tous gens bien faits et de grand cœur*, beaucoup de ses plus intrépides jeunes gens qui, de bonne volonté, s'enrôlèrent parmi les *cantonniers*, et enfin à la dernière heure cinquante autres volontaires dont elle consentit, par un acte de suprême abnégation, à renforcer la garnison de Salins. La fortune lui réservait une nouvelle amertume. Si l'on en croit le manuscrit Gillaboz, les habitants des faubourgs, en dépit des édits draconiens portés contre les fuyards (1), se sauvèrent bien avant dans les bois avec leurs enfants, leurs domestiques et leur bétail. Cette lâche défection en face de l'ennemi diminua, dit-on encore, de quinze cents hommes sa population valide et réduisit à quatre cent cinquante au plus le nombre de ses défenseurs.

Le maire d'Arbois, Philibert Voiturier, à qui la langue administrative du temps conférait les titres sonores de vicomte capitaine Mayeur, était de fait gouverneur de la ville. Hésitant et troublé devant la responsabilité qu'il allait assumer, désirant que le fardeau fût partagé, il supplia M. d'Alvelda de vouloir bien nommer un gouverneur militaire. On envoya aussitôt un gentilhomme de Salins, Philippe de Merceret, seigneur de Mérona, lieutenant-colonel du ré-

quatre curés. Les capitaines Lacuzon et Fécauld reçurent l'ordre de se rendre avec leurs compagnies franches à Vaudrey où ils devaient être à portée de Salins et de Dole.

(1) Quelques fuyards se seraient aussi, parait-il, dirigés sur Salins. Voici ce que nous lisons dans la publication de M. Vayssière : « La nuit du même jour (27 mars) il y auroit eu alarme dans Salins provenue de quelques coups de mousquet tirés par les sentinelles du fort de Bracon sur des passants venant d'Arbois qui ne se seroient pas donnés à connaitre, le même étant encore arrivé la nuit suivante. »

giment de milice du bailliage d'Aval (1). L'imminence du péril ne put, dans des conjonctures aussi graves, contenir le vieil esprit de rivalité de corps si profondément enraciné au cœur des Comtois, véritable fléau du pays. Le conseil osa se plaindre que les pouvoirs conférés au sieur de Mérona portaient une grave atteinte aux droits de l'autorité municipale, et le gouverneur de la province dut décider, par un nouvel arrêté, que, même en l'absence de gens de guerre, le commandement resterait au gouverneur militaire de la ville, *mais à la participation du mayeur, avec lequel les choses seront faites de concert.* Quoi qu'il en soit, on ne pouvait faire un choix meilleur. Enfant du pays, connaissant fort bien le caractère et le tempérament des Arboisiens, sachant leur parler le langage qui leur convenait, il leur inspira dès l'abord une confiance sans bornes et s'acquitta admirablement de la tâche qui lui était imposée.

Huit jours à peine après l'arrivée de M. de Mérona, le 27 mars, vers les deux heures de l'après-midi, les Français partis le matin de Poligny où ils étaient entrés sans

----

(1) (14 mars 1674.) Arrêté du gouverneur d'Alvelda :

« Considérant que le service de Sa Majesté et la sûreté de la ville d'Arbois requièrent qu'il soit envoyé une personne de zèle et d'expérience pour y commander et la deffendre contre les desseins des ennemis, nous avons fait choix à cet effet du sieur Philippe de Merceret, seigneur de Mérona, lieutenant-colonel du régiment de milice du bailliage d'Aval. Ordonnons aux mayeur, eschevins, conseil et bourgeois d'icelle, de le recognoistre pour leur commandant, et luy obéir en tout ce qu'il leur ordonnera pour le mesme service et conservation de lad. ville lui donnant à ce sujet tout pouvoir pertinent. Fait à Besançon, etc. »

19 mars. — Le conseil s'étant plaint que les pouvoirs conférés au sieur de Mérona portaient une grave atteinte à l'autorité du mayeur, don Francisco d'Alvelda prend un nouvel arrêté par lequel il déclare que le sieur de Mérona, nommé gouverneur d'Arbois, commandera seulement à la soldatesque lorsqu'il y en aura, laissant au mayeur le commandement des bourgeois ; que dans le cas où aucuns gens de guerre ne seraient

grande difficulté (1), débouchèrent inopinément de la gorge de Pupillin et vinrent prendre position sur les hauteurs de Champ-Berthod et de Courson qui dominent la ville au sud-ouest. Ils comptaient environ deux mille combattants (2), tant fantassins que cavaliers, divisés en nombre à peu près égal, et amenaient quelques canons. Ils étaient commandés par le comte d'Aspremont, brigadier à pied au second camp volant. Le mouvement hardi de ce corps de troupes légères lancé jusqu'au cœur du territoire ennemi, à deux lieues à peine d'une place ou étaient réunies des forces considéra-

dans la ville, le commandement doit néanmoins rester audit sieur de Mérona, mais à la participation du mayeur, avec lequel les choses seront faites de concert, le tout, sans pouvoir être tiré à conséquence, ni préjudicier auxdroits et priviléges des suppliants. (Annales historiques de la ville d'Arbois.)

(1) La relation du siége d'Arbois par un témoin oculaire dit simplement que Poligny par suite d'un incendie qui avait presque entièrement détruit cette ville l'année précédente, n'était pas en état de se défendre. Chevalier prétend qu'elle résista deux jours. D'après une citation que nous trouvons dans les mémoires publiés par M. Vayssière, Poligny attaqué le 21 mars dans la soirée aurait fait sa soumission le lendemain matin.

(2) C'est le nombre que donne le manuscrit Gillaboz. Le Mercure Hollandais porte ce nombre à quatre mille. Nous trouvons le même chiffre dans la publication de M. Vayssière. « Le 22, seroit arrivé (à Salins) nuitamment un exprès avec une lettre au Magistrat portant que l'ennemi avoit passé le pont de l'Etalet au nombre de 4000 hommes, avec 4 pièces d'artillerie, prenant sa route par le mont de Perrigny qui est le chemin le plus court pour Salins depuis Lons-le-Saunier. » D'un autre côté le même ouvrage nous apprend que M. de Mérona « auroit mandé au Magistrat de Salins que l'ennemi étoit seulement au nombre de 500 chevaux et 300 fantassins avec une pièce d'artillerie portant 25 livres de balle. » Suivant toutes les apparences, une partie de l'armée française restée à Poligny aurait plus tard rejoint le corps de d'Aspremont ; la tradition locale affirme l'arrivée de nouvelles troupes pendant le siège, 300 cavaliers, 500 fantassins et des artilleurs. Toutes les contradictions se trouvent ainsi expliquées et le chiffre que nous avons adopté serait le plus vraisemblable.

bles avait pour but de couvrir les opérations de la prin-
cipale armée française contre les grandes forteresses de la
province, Dole, Salins, Besançon, où les Espagnols avaient
concentré leurs moyens de défense. Le comte d'Aspremont
ne doutait point qu'Arbois, qu'on lui avait représentée
comme une petite ville fort agréable plutôt que comme une
place de guerre, mal défendue du reste par un vieux mur
de clôture fastueusement décoré du nom de rempart et par
quelques tours hors d'usage, ne lui ouvrît ses portes à la
première sommation ; il se flattait que les habitants ne con-
sentiraient jamais à laisser dévaster un territoire dont on
vantait partout la richesse, que leur fidélité, leur attache-
ment à leurs souverains et à leurs franchises ne tiendraient
point contre l'aspect imposant de ses batteries, et que si,
au pis aller, ils croyaient devoir par point d'honneur,
essuyer le premier feu, quelques volées de canon lui en
donneraient facilement raison.

Il essaya d'abord quelques démonstrations dont il com-
prit bien vite l'inutilité. La cavalerie se déploya en grand appareil sur les terrains les plus en vue, elle se montra en
gros et en détail sur différentes hauteurs, formant et défai-
sant ses escadrons, les portant rapidement d'un point sur
un autre, à peu près comme des figurants qui dans les re-
présentations de sujets militaires, reparaissent après avoir
disparu dans les coulisses, passent et repassent indéfini-
ment sous les yeux des spectateurs. Un détachement assez
nombreux descendit bientôt par des défilés dans la direction de Courcelles, fit mine de se ranger en bataille dans
les vergers et les chenevières qui de ce côté avoisinent la
ville et finit par s'établir dans la campagne de Villette. De
là partirent les patrouilles et corps de garde chargés de
surveiller les diverses avenues, l'église de Changin, la tour
Canoz, Verreux, Larney, les chemins des Planches, de Poligny, de Buvilly et de Grozon. La ville se trouva ainsi
comme complétement investie.

Les faubourgs d'Arbois, trois fois plus populeux que la ville, joignent ses murailles ; cette disposition est un danger en temps de guerre, elle donne toute facilité à l'attaque et entrave la défense. L'infanterie occupa bien tranquillement le faubourg de Faramand, abandonné par ses habitants, s'installa de son mieux dans les maisons des vignerons, où elle pratiqua des ouvertures, se ménagea des communications parfaitement abritées, puis, cheminant de proche en proche, arriva avant la nuit à cent pas de l'enceinte, en face de la porte de Faramand.

À l'intérieur de la place régnait une grande activité. Pendant que les conseillers de Nancray et Bergeret montaient à la tour du clocher d'où ils étaient chargés d'observer l'ennemi, M. de Mérona procédait à la répartition et à l'établissement des divers postes. Le mayeur et les trois échevins l'accompagnaient, distribuant les munitions de guerre et de bouche, ainsi que le bois destiné à l'entretien des feux. Ces messieurs trouvèrent partout d'excellentes dispositions et un merveilleux entrain. Une situation si nouvelle était bien faite du reste pour soutenir le moral des habitants et exalter leurs esprits. De cette foule bizarrement mêlée, où tous les rangs étaient confondus, où toutes les conditions étaient représentées, où les prêtres séculiers, où des religieux capucins et minimes, portaient le mousquet côte à côte avec les marchands et les hommes de justice, partaient comme des fusées les vives saillies, les plaisants propos, les éclats d'une gaieté bruyante. Les cris et les rires se faisaient entendre dès le clocher et le mur d'enceinte jusqu'au camp de l'ennemi, et le général français, suivant le rapport qu'il en fit après, commença à croire que l'affaire serait plus chaude qu'il n'avait pensé d'abord.

M. d'Aspremont cependant n'attendait plus que le moment propice pour son suprême essai d'intimidation. Dès huit heures du soir l'artillerie était rangée sur le plateau de

Champ-Berthod. A onze heures une lueur subite éclaira le ciel au sud-ouest et une violente détonation retentit ; les canons français tiraient à poudre: trois décharges eurent lieu coup sur coup. La réponse ne se fit pas attendre. De la partie du mur qui longe la rivière et fait face à Faramand jaillit un feu roulant de mousqueterie. Les Arboisiens se croyant enfin attaqués tirèrent sur l'ennemi dont les mouvements se continuaient dans le faubourg ; plusieurs soldats furent atteints. M. d'Aspremont en venant visiter un officier dangereusement blessé put juger par lui-même des effets meurtriers de ce premier engagement.

Le lendemain 28 mars, à la pointe du jour, un trompette se présenta à la porte de Faramand : il venait au nom du commandant français, sommer les habitants de se rendre, avec les menaces les plus terribles en cas de refus et l'assurance de conditions avantageuses s'ils faisaient une prompte soumission. Il arriva alors un de ces événements regrettables qu'aucune prudence humaine ne saurait prévoir. Un Arboisien peu au fait des usages de la guerre, grisé par l'odeur de la poudre et l'acharnement forcené d'une fusillade qui s'était prolongée toute la nuit, étourdi peut-être par l'ivresse, car le vin paraît avoir joué un rôle considérable dans ces circonstances, déchargea son mousquet sur le parlementaire et l'étendit raide sur le carreau. Ce meurtre pouvait avoir les plus graves conséquences. M. de Mérona donna aussitôt l'ordre d'arrêter le coupable et de le conduire en prison, puis il proposa au conseil de l'abandonner à la merci du commandant français qui le traiterait comme il le jugerait convenable. La populace se souleva contre cet acte d'autorité. Elle vint réclamer bruyamment l'élargissement du prisonnier, criant qu'elle prenait pour son compte toute l'issue de l'affaire, et l'autorité municipale eut la faiblesse de plier devant les menaces *de gens mutinés qui n'en savaient pas davantage.* Elle fit des excuses ; mais ces excuses, que n'accompagnait aucune satisfaction sérieuse, furent jugées dérisoires. Elle allégua l'ignorance et l'indiscipline d'un peuple de bourgeois et de vignerons, ainsi que les décharges au moins étranges de l'artillerie antérieures à toute sommation. L'incendie de trente maisons du faubourg fut la réponse de l'ennemi. La vue de toutes ces maisons en flammes, dit l'auteur anonyme auquel nous empruntons ces détails, ne fit pas jeter un soupir au plus pauvre propriétaire ; au contraire une rigueur aussi excessive exaspéra les habitants et commença à donner à la lutte un caractère particulier d'acharnement et de fureur.

M. d'Aspremont était fort incommodé par le clocher dont la galerie dominait et découvrait son camp. Il pointa son artillerie contre cet édifice : seize décharges successives restèrent sans effet. Du haut de la tour, les bourgeois, munis de fauconneaux, ripostaient avec avantage. Le tir inefficace ou maladroit des artilleurs ennemis les divertissait. Chaque coup était accueilli par des huées et des éclats de rire. Les cloches sonnaient à toute volée. Debout sur la galerie, d'intrépides jeunes gens montraient de leurs chapeaux l'endroit où frappaient les boulets. L'ennemi ne jugeant pas à propos de brûler sa poudre inutilement changea ses dispositions. Les lourdes pièces descendirent bientôt les pentes de Champ-Berthod et furent amenées au milieu même du faubourg. Couvertes par les habitations qui étaient restées debout, abritées derrière des amas de bois, elles purent aisément s'établir à deux cents pas dela porte de Faramand. C'était précisément le côté faible de l'enceinte : le fossé du pont-levis étroit, sans profondeur, n'offrait qu'une protection insuffisante ; les maisons situées en face étaient au pouvoir des assaillants.

Ces dispositions menaçantes ne laissaient pas que de causer quelque émotion parmi les assiégés. M. de Mérona pour les rassurer affectait la plus grande confiance: « Allons, bon courage, s'écria-t-il d'un ton joyeux, en leur montrant les affûts rangés devant eux; pour le coup, nous les tenons ; je vous réponds qu'avant peu le général français se désistera de sa nouvelle entreprise et reconnaîtra lui-même qu'il a fait un pas de clerc. » Il paraît qu'effectivement M. d'Aspremont ne dissimula pas dans la suite qu'il avait agi de la sorte pour imposer à des gens qu'il supposait déjà démoralisés ; que son artillerie lui eût mieux réussi s'il eût attaqué la ville par le faubourg de Montfort et de la rue Dessous, et que le motif qui l'avait empêché de prendre ce parti était la crainte de ne pouvoir, dans l'hypothèse de l'arrivée d'une armée de secours, retirer ses canons ni leur faire repasser la rivière.

A quatre heures du soir, tout était prêt pour l'attaque. Toutefois M. d'Aspremont voulut encore tenter d'amener les habitants à composition. Il envoya deux des capucins qui étaient restés dans leur couvent hors de l'enceinte dire aux assiégés de se rendre au plus tôt ; que, s'ils l'obligeaient de faire brèche et de les prendre d'assaut, il les traiterait sans miséricorde et mettrait tout en feu. Les religieux acceptèrent cette mission et se présentèrent à la porte de Faramand. Leur supérieur vint leur parler du haut du mur : des deux côtés, assiégés et assiégants assistaient à l'entretien. A la fin les Arboisiens s'écrièrent brusquement et d'une commune voix que, plutôt que de se rendre, ils mettraient eux-mêmes le feu à la ville et périraient dans les flammes. Puis, après le départ des capucins, ils se remirent de plus belle à tirer du rempart sur les maisons qui leur faisaient face. Les Français en souffrirent assez pour comprendre à quel danger ils seraient exposés, quand une fois ils attaqueraient à corps découvert.

Cependant le jour baissait et l'artillerie était toujours silencieuse. Sans doute l'ennemi attendait la nuit. M. de Mérona mettait le temps à profit. Dès la veille au soir, il s'était établi de sa personne au corps de garde de la porte menacée, avec quelques membres du Conseil. Il doubla la garde de la courtine qui relie cette porte au prieuré , fit préparer des pièces d'artifice , prescrivit des rondes fréquentes, recommanda la plus exacte vigilance aux hommes chargés de la défense du prieuré, dont le mur se prêtait à l'escalade, et établit, comme corps de réserve sur la grande place, un détachement de bourgeois sous le commandement du procureur fiscal et de quatre conseillers du magistrat, prêts à se porter partout où il s'agirait d'exécuter les ordres du commandant ou du maire.

Il prescrivit ensuite de faire de grands amas de pierres, de se munir d'eau froide et d'eau chaude en cas de feu ou d'escalade, et fit couper le pont qui précédait la porte. En arrière, il éleva une forte barricade faite d'un double rang de tonneaux pleins de terre, puis, pour se ménager une retraite, dans le cas où l'ennemi parviendrait à se rendre maître de la porte , il construisit un chemin couvert protégé par une muraille sèche et une couche de fumier, renforcé, en outre, d'un double rang de cuves pleines de terre et entassées les unes sur les autres. Il s'occupa aussi de mettre le prieuré à l'abri d'une surprise. Il abattit les murs du jardin où l'ennemi pouvait être à couvert des maisons de la ville, situées de l'autre côté de la rivière. Il fit murer les fenêtres et ne laissa que quelques ouvertures pour la défense du jardin. Le pont de Saint-Just fut coupé aussi, et le prieuré se trouva complètement isolé de la ville.

Pendant que l'attention des assiégés était toute à ces préparatifs de défense , un mineur accompagné d'un officier et soutenu par quelques soldats, s'approcha du mur à la faveur de la nuit. Ils furent découverts à temps. Les brûlots et les pièces d'artifice, qu'on jeta en grand nombre dans le fossé, déconcertèrent leur projet. Ils prirent précipitamment la fuite abandonnant outils, mantelets et quelques-uns des leurs brûlés avec le bois de leur galerie. Profitant de cette diversion, des soldats français s'étaient lancés bravement à l'attaque du mur et essayaient de l'escalader. Grâce à la précaution du mayeur, des feux s'allumèrent de toutes parts : une vive lumière éclaira les abords de la porte et les deux rives de la Cuisance, et l'on combattit comme à la clarté du plus beau jour. La confusion était telle et l'on était si étroitement engagé des deux côtés, que M. d'Aspremont n'osa se servir de ses canons. Il dut, à la fin, donner quelque relâche à ses troupes, qu'une résistance si opiniâtre commençait à troubler.

Le 29 mars, à la pointe du jour, l'artillerie ouvrit enfin un feu violent contre le rempart. Les Français attaquaient le lion par la tête, suivant l'expression pittoresque de l'auteur anonyme du manuscrit ; sans aucun doute, ajoute cet écrivain, ils ne connaissaient point les travaux que les assiégés avaient exécutés, et ne se doutaient guère que, même après avoir forcé la porte, ils seraient encore bien loin d'avoir la ville en leur pouvoir.

Le canon faisait, en somme, plus de bruit que de mal. Un des premiers boulets s'abattit sur le couvent des mères Carmélites et vint se loger dans le plafond de la chapelle, sans faire d'autre dégât. Le nombre des tués ou des blessés ne paraît pas avoir été bien considérable : on cite M. de Mérona atteint d'un éclat de pierre et contusionné ; un religieux du prieuré, nommé Papillard, tué ainsi qu'un jeune homme qui eut la tête emportée. Une vaillante fille, portant un panier de terre sur sa tête, fut atteinte d'un boulet qui lui enleva un bras. Elle jeta son panier à terre, dit naïvement notre manuscrit, ramassa son bras et le porta au cimetière pour l'enterrer. Là, elle fut prise d'un évanouissement ; transportée chez elle, elle fut longtemps malade, mais n'en mourut pas.

De la ville, la mousqueterie répondait à l'artillerie. Les Français subirent un feu roulant si ferme et si soutenu que M. d'Aspremont en a plusieurs fois exprimé son étonnement. Des femmes étaient postées dans une tour voisine de la porte de Faramand et se distinguaient par leur achar-

nement : l'ennemi dirigea ses canons de ce côté ; à chaque
coup, ces intrépides guerrières faisaient retentir l'air des
cris de : *Vive l'Espagne! Vive le Roi !*

M. de Mérona, malgré sa blessure, se montrait partout
où il y avait du danger. On l'entendait répéter sans cesse :
« Que chacun fasse son devoir et reste ferme à son poste,
« et tout ira bien. Ce que je recommande avant tout, c'est
« qu'on ne se laisse pas prendre par le vin. » Les officiers municipaux et les religieux, dans les rondes qu'ils
faisaient, de quart d'heure en quart d'heure, répétaient les
mêmes exhortations.

Les divers incidents de ces jours mémorables ont natu-
rellement frappé la génération contemporaine, et les tra-
ditions locales en ont consacré le souvenir. Nous ne re-
viendrons pas après l'auteur des *Soirées jurassiennes* sur
certains exploits, grossis sans doute par l'imagination populaire, et dont nous ne trouvons du reste aucune trace,
ni dans le manuscrit qui est entre nos mains, ni dans la
relation d'un témoin oculaire publiée par M. Bousson de
Mairet à la suite du *Capitaine Morel*. Laissons donc de côté
le fameux ermite Hilarion, qui tua un si grand nombre de
Français, et sa carabine légendaire, arme merveilleuse,
d'une portée si longue et d'une telle précision, qu'une
balle envoyée du clocher de Saint-Just à l'ermitage, entra
dans la salle à manger et vint tomber sur la table où di-
nait le commandant français avec son état-major. Nous
citerons cependant le fait suivant, parce qu'il est tout à fait
caractéristique, et qu'il donne assez exactement la mesure
du degré d'exaltation dont étaient possédées toutes les clas-
ses de la population arboisienne. L'aumônier des Carmélites, l'abbé Baudrand, arrive en courant des remparts et
entre comme une bombe dans la chapelle : « Sœurs !
« sœurs ! s'écrie-t-il tout essoufflé, vite, mes plus beaux
« ornements ! je veux dire une messe d'actions de grâces,
« je viens de tuer deux Français. »

Cependant le tir de l'artillerie ne se ralentissait pas. Les boulets ennemis, bien que d'un faible calibre, à force de battre ces vieilles murailles endommagées par les années, les ébranlaient peu à peu, et une brèche s'ouvrit à la fin. La situation, sans être critique, devenait grave. D'un autre côté, les munitions de guerre, dont on avait fait une consommation désordonnée, s'épuisaient : le plomb manquait, et il ne restait que peu de poudre. Pour suppléer au plomb, dit M. Bousson de Mairet, on mit au creuset les ustensiles domestiques et on les convertit en balles ; on brisa les fenêtres dont les vitres étaient liées et assujetties par des lames de plomb, et l'on enleva la couverture d'une tour faite de ce métal. Mais ces ressources n'étaient que momentanées. Les secours qui avaient été promis n'arrivaient pas. M. de Mérona fit parvenir à Salins l'avis suivant adressé au Magistrat : « Les habitants se battent très-bien, mais « ils manquent de munitions ; ils sont décidés à se faire « tuer plutôt que de se rendre ; les laisserez-vous périr sans « secours et sans vengeance ? »

Pendant que le gouverneur militaire tenait les yeux obstinément fixés dans la direction de cette ville d'où il attendait le salut, les officiers municipaux, que ne soutenait plus l'enthousiasme des premiers moments, faisaient de sombres réflexions sur les éventualités qui se préparaient. Ils ne se demandaient plus qu'en tremblant comment cette ville, dont ils avaient l'administration, pourrait sortir de la situation dans laquelle elle se trouvait engagée. La responsabilité qu'ils encouraient pesait sur eux de tout son poids. Tout n'était-il pas à craindre d'un ennemi qui avait déjà si durement fait sentir les effets de sa colère ? Si le général français prend la ville d'assaut, quelle expiation pourra désarmer cet homme implacable, entrant par la brèche, les armes à la main, précédé des plus terribles menaces, suivi de ses soldats furieux ? S'il est contraint de se retirer, peut-on espérer, à la vue de tant de débris encore

fumants, barbare châtiment d'une faute que les circonstances excusaient jusqu'à un certain point, que cet officier,
vaincu par des bourgeois, humilié, exaspéré, épargnerait
les quatre cents maisons qui restaient encore debout dans
les faubourgs, et reculerait devant ce sauvage moyen de
venger sa honte et d'assouvir sa rage ?

Sous le coup de ces appréhensions, la municipalité
s'avisa d'un expédient, qui n'est pas une des moindres sin-
gularités de ce siége fécond en incidents singuliers. Il
s'agissait d'ouvrir, à l'insu de M. de Mérona, que l'on supposait devoir être hostile à ce projet, des négociations avec
l'ennemi. On jeta les yeux sur le gardien des Capucins
qui, comme on sait, avait déjà rendu des services de ce
genre. Ces religieux, établis depuis un an à Arbois (1),

(1) 10 mai 1672. Assemblée du Magistrat, des conseillers et des
notables, au sujet de la demande faite par les RR. PP. capucins d'établir un couvent de leur ordre dans la ville d'Arbois, où ils ne seront à
charge ni au général ni aux particuliers, soit pour la bâtisse de leur
maison, soit pour le terrain où elle doit être élevée. A la pluralité des
voix les capucins sont admis, sous le bon vouloir et plaisir de S. M.
« En suite des grands fruits que font les religieux capucins par leurs
« prédications, confessions, missions apostoliques, visites de malades
« et autres profits spirituels qu'ils causent en tous les lieux de cette
« province où ils sont établis, nous avons pris avec les notables la dé-
« libération d'admettre lesdits PP. capucins dans notre territoire, afin
» d'en recevoir les mêmes avantages spirituels. Mais, comme jusqu'à
« présent, ils ne se sont établis en aucun lieu que sous l'agrément et le
« bon plaisir de S. M., c'est ce qui nous oblige à recourir à elle pour
« la supplier très humblement de permettre auxdits PP. capucins
« d'ériger un couvent de leur ordre audit territoire, où ils ne seront
« aucunement à charge, mais au contraire y seconderont comme ils
« font partout les bons desseins que nous avons pour le service de
« S. M. »
(*Requête à la Reine régente et à S. E. le Gouverneur des Pays-Bas.*)
Ce qui détermina le choix de l'emplacement définitivement adopté
pour la construction du couvent, c'est cette considération que les habitants des faubourgs seraient désormais assistés en leurs maladies et

édifiaient leur couvent en dehors de l'enceinte, entre la rue Chevrière et la Cuisance. Jouissant, grâce à leur caractère sacré et à leur installation *extrà muros*, des priviléges d'une neutralité reconnue en quelque sorte par le commandant des troupes françaises, ils administraient indistinctement les secours spirituels à tous ceux, amis ou ennemis, qui en avaient besoin.

Le capucin accepta officieusement la mission de porter à l'ennemi les propositions de la ville. Autant qu'on en peut juger en l'absence d'un texte précis, il ne s'agissait pas de propositions formelles, rigoureusement formulées. L'envoyé devait renouveler les excuses de la ville pour la mort du trompette, sonder le général français au sujet d'une suspension d'armes, et obtenir, en faisant au besoin les offres les plus considérables, qu'il consentît à épargner les faubourgs dans le cas où il serait contraint de lever le siége.

M. de Mérona, informé de ce qui se passait, blâma fort cette démarche qu'il ne pouvait ou n'osait empêcher. « On « va nous prendre, s'écria-t-il, pour des gens effrayés qui « demandent à capituler. »

Le capucin partit aussi secrètement que possible à six heures du soir. Il se rendit d'abord à son couvent, où il prit un de ses religieux personnellement connu de M. d'Aspremont. Tous deux gagnèrent ensuite le logement de cet officier, au haut du faubourg de Faramand. Ils rencontrèrent successivement, sur leur chemin, quatre corps de garde qui les laissèrent passer sans difficulté, virent quelques escadrons à cheval et l'infanterie toute prête à marcher. M. d'Aspremont les écouta attentivement, leur reprocha, avec la plus grande vivacité, la violation des lois de

recevraient des secours spirituels, lorsqu'en temps de guerre ou de peste, les prêtres qui sont dans la ville ne peuvent en sortir.

(*Notes extraites des registres de l'hôtel de ville.*)

la guerre, et repoussa, comme ridicule, l'idée de conclure une suspension d'armes, au moment où il était prêt à se faire justice et à entrer dans la ville par assaut. « Au « surplus, ajouta-t-il en terminant, si j'échoue dans mon « attaque, il sera toujours temps d'écouter vos propo- « sitions. »

Les capucins prirent congé de lui. Le gardien avait à peine fait cinquante pas et confessé un soldat français dangereusement blessé, qu'il fut rappelé avec son compagnon. « Il n'est pas nécessaire, leur dit M. d'Aspremont, que vous alliez apprendre à MM. d'Arbois que je vais donner l'assaut ; restez ici, s'il vous plaît, et sous bonne garde ; après l'assaut, vous pourrez vous en retourner. » La conversation s'engagea de nouveau : l'officier français comptait sans doute tirer quelque renseignement de ses interlocuteurs. Il s'emporta de nouveau contre l'aveugle témérité de M. de Mérona. Le gardien lui répondit sans hésiter qu'il aurait lieu de mépriser un adversaire qui se soumettrait sans une vigoureuse résistance ; que la valeur et l'habileté souvent éprouvées de leur chef avait inspiré une telle confiance aux habitants et élevé si haut leur courage, qu'ils aimeraient mieux perdre la vie que de se rendre, qu'enfin la ville était dans un meilleur état qu'on ne le supposait, que la rupture des ponts et les travaux exécutés pour les soutenir la mettaient pour le moment à l'abri de tout danger.

M. d'Aspremont se leva aussitôt et voulut, sans plus tarder, avant de donner à ses troupes l'ordre de marcher, voir par lui-même l'état des lieux et se rendre compte de la situation. Quand il revint, sa résolution était prise. Il avait pu constater que le succès d'une nouvelle attaque n'était rien moins que certain. La faiblesse numérique du détachement qu'il commandait, les pertes qu'il avait subies, l'obligeaient à une certaine circonspection. La connaissance qu'il avait de l'arrivée prochaine d'un corps ennemi ne le préoccupait pas moins vivement. Un échec dans ces circonstances pouvait fort bien se changer en désastre. Il jugea donc qu'à tout prendre il valait mieux s'assurer le plus grand avantage possible dans une négociation où le beau rôle, en somme, était de son côté. Il déclara donc aux capucins qu'il était disposé à accueillir la proposition qu'on lui faisait de surseoir à tout acte d'hostilité à condition toutefois que les travaux cesseraient de part et d'autre. Il exigea en outre une réponse immédiate.

Il était onze heures du soir. Le capucin se dirigea vers la porte de Faramand. Un soldat chargé de l'accompagner le conduisit de maison en maison par une série de galeries percées dans l'intérieur, tantôt au rez-de-chaussée, tantôt au premier étage. Mais à l'issue du labyrinthe, en face du rempart, la position n'était pas tenable. Le feu des assiégés continuait avec la même énergie et le parlementaire ne parvint pas à se faire reconnaître. Au bout de deux heures, voyant l'inutilité de ses efforts, il dut se résigner à revenir sur ses pas. M. d'Aspremont le confia alors à un officier qu'il supposait mieux en état d'aviser à ce qu'il convenait de faire dans des circonstances aussi étranges. Sur l'ordre de cet officier, un tambour fit un appel et d'une voix haute et intelligible demanda que l'on cessât de tirer pour recevoir la réponse faite à l'envoyé du Magistrat. Une voix cria que l'on ne voulait rien entendre. Le tambour demanda alors que, si l'on était absolument décidé à ne donner aucune réponse, on tirât trois coups pour signal. Au lieu de trois détonations, sept suivirent incontinent. Le capucin dépité reprit le chemin de son couvent sans oser se présenter au général français.

Ce ne fut que le lendemain matin, vers les cinq heures, que la réponse de M. d'Aspremont arriva au Magistrat. Ces messieurs trouvèrent insuffisant le délai accordé pour la suspension d'armes. A peine en quatre heures, c'était le terme fixé par l'ennemi, aurait-on le temps d'assembler le conseil. La négociation dut reprendre son cours et subir de nouvelles péripéties.

M. d'Aspremont voyait avec peine tous ces délais. Il eût voulu, dans son impatience, une solution immédiate : il pensa toutefois que le meilleur moyen d'en finir était d'accorder tout ce qu'on demandait. Il consentit à prolonger jusqu'à deux heures de l'après-midi la suspension d'armes : et tout aussitôt, sur l'ordre qui leur en fut donné, les Français cessèrent tout acte d'hostilité. Mais il n'était pas facile de faire entendre raison aux bourgeois. Les officiers municipaux firent les plus grands efforts pour les déterminer à rester en repos. Ordres, prières, menaces, tout fut inutile. Sous les yeux de leurs magistrats, que leur insubordination désespérait, ils continuaient leur tir forcené. Une décharge atteignit même et blessa le commissaire général de l'artillerie française.

Fort embarrassé, le Magistrat renvoya encore une fois à M. d'Aspremont le capucin chargé de lui présenter d'amples excuses sur l'indocilité des habitants mutinés qu'on se déclarait impuissant à contenir et de le supplier d'avoir égard aux circonstances.

Pour le coup, la colère du général français ne connut plus de bornes. Il s'emporta contre le Magistrat et le capucin et les accusa de s'être concertés pour le jouer. Il retint le religieux et le fit garder. C'est par lui et par son couvent qu'il allait commencer, disait-il, ses vengeances. En même temps il donna l'ordre au compagnon du gardien de faire consommer aussitôt après minuit toutes les hosties du tabernacle et de l'ostensoir.

Il prit alors ses dispositions pour un assaut général. Il amena lui-même une troupe de mousquetaires qu'il logea dans les maisons les plus proches de la brèche. Une nouvelle surprise l'attendait. Un incident imprévu vint à point nommé porter à son comble l'enthousiasme des habitants et impressionner d'une manière fâcheuse l'imagination esd Français fatigués par trois jours d'une lutte non interrompue. En ce moment même quelques bourgeois poussés par une heureuse inspiration montaient au clocher et arboraient l'étendard de Bourgogne au sommet de la haute tour. Puis, comme si le ciel eût voulu, en souriant aux Arboisiens, se prononcer manifestement en leur faveur, une brise légère enfla l'ample drapeau dont les plis se déroulèrent lentement et flottèrent majestueux aux yeux émerveillés des combattants. Une immense acclamation s'éleva de la ville et salua cette apparition, symbole de l'indépendance nationale et signal de la délivrance prochaine.

Le dénouement en effet était proche. Les émotions puissantes de ces jours de périls et de combats, les sentiments d'un patriotisme farouche, les passions que tant de scènes violentes avaient exaltées, firent explosion dans cette heure solennelle, et les courages, emportés par un irrésistible élan, s'associèrent pour un dernier et suprême effort. Deux maisons situées derrière la porte Faramand gênaient la défense ; elles furent livrées aux flammes. On lança des matières incendiaires sur les maisons du faubourg qui abritaient l'ennemi. Contraints de reculer devant les flammes qui se propageaient rapidement, les Français, dans leur fuite, essuyèrent un feu extrêmement meurtrier. M. d'Aspremont se trouva dans ce désordre périlleux et eut toutes les peines du monde à en sortir sain et sauf. Il raconta plus tard qu'il avait échappé par miracle à la mort, et qu'il avait dû s'employer à abattre à coups de mousqueton des pièces d'artifice tombées sur le toit d'une maison de Faramand où l'on avait logé les grenades et les autres munitions.

Energiquement refoulé jusque dans l'intérieur du faubourg où les balles ne pouvaient l'atteindre, l'ennemi n'y resta pas longtemps en repos. L'attention des assiégés ne tarda pas à être de nouveau mise en éveil par des bruits singuliers et les symptômes d'une mystérieuse agitation. Par delà le rideau mouvant de flammes et de fumée qui enveloppait le faubourg, à travers l'obscurité croissante du crépuscule, on entrevoyait des mouvements de troupes dont le but échappait, de confus rassemblements ; des ordres, qui semblaient pressants, étaient donnés d'une voix contenue ; des hommes et des chevaux allaient et venaient, courant précipitamment. Après un rapide examen, M. de Mérona eut l'explication du mystère. Il vit que l'artillerie abandonnait ses positions, que l'infanterie qui en avait la garde était debout, toute prête à marcher ; il aperçut jusqu'aux bagages et aux valises des officiers qu'on entassait sur des bêtes de charge. Plus de doute, c'était la retraite et non l'assaut qu'on méditait. Et au bout de quelque temps, un bruit sourd, le roulement de pesants charriots, s'entendit plus au loin, sur les chemins pierreux de la montagne : les canons s'éloignaient dans la direction de Poligny.

Tout heureux qu'ils étaient de ce départ inespéré, les habitants néanmoins n'osaient encore s'abandonner à la joie. Les Français partaient, il est vrai ; mais quels adieux allaient-ils laisser à cette ville qui venait de leur infliger un sanglant affront ? Les menaces épouvantables du comte d'Aspremont « le plus barbare, impie et cruel des hommes, » étaient dans toutes les bouches. On savait qu'il avait promis à ses soldats, en cas de succès, d'abandonner à leur discrétion tout le vin qu'ils trouveraient dans les caves. Il avait même déclaré, ajoutait-on, que les filles, les femmes et les religieuses seraient livrées aux derniers outrages, les hommes cruellement fouettés et la ville entière réduite en cendres (1). On pouvait compter sans doute que la ville était désormais à l'abri de ses insultes. Mais dans ces riches et populeux faubourgs qui étaient restés entre ses mains, n'allait-il pas donner un libre cours à ses vengeances ? Il a soin, du reste, de manifester sa présence par de nouvelles démonstrations. Il semblait qu'il voulût jusqu'au bout donner le change aux bourgeois : sa fureur, comme

(1) Vayssière, ouvrage cité, page 111.

celle d'un lion blessé à mort, avait de brusques et terribles retours.

Les Arboisiens, sentant bien que tout danger n'a pas disparu, redoublent de vigilance. Pour maintenir les Français à distance, ils allument de grands feux. Les lueurs que projettent les différents foyers disposés autour de l'enceinte sur les points le plus en évidence, éclairent d'une lumière lugubre cette nuit, qui, selon toutes les apparences, doit clore tant de scènes de deuil par un dernier et irréparable désastre.

Les magistrats attendaient la fin de cette nuit d'angoisses, quand, tout à coup, le gardien des capucins se présenta à l'une des portes. M. d'Aspremont s'était décidé à le remettre en liberté. « On vient de m'annoncer, lui avait dit « l'officier français en le congédiant, l'arrivée à Salins « d'un secours de six cents hommes. Je me dispose à leur « tailler de la besogne. Quant à Messieurs d'Arbois, ils « sauront ce qu'il en coûte de résister follement à une « armée française. » Le capucin raconta ensuite ce qu'il savait. Il pouvait certifier que M. d'Aspremont avait donné des ordres pour que le feu fût mis aux faubourgs avant le jour. Il avait vu de ses yeux, sur son passage, les soldats disposant tout pour l'exécution de ces ordres barbares. Un officier lui avait murmuré à l'oreille : « Quelle honte pour « notre général ! » Un autre lui avait dit, en lui montrant du doigt les sinistres préparatifs : « Cela fait mal au cœur « d'être employé à une pareille besogne. »

De temps à autre éclataient de nouvelles décharges de mousqueterie. Tout sentiment d'humanité était éteint dans les âmes. Les Français faisaient d'héroïques efforts pour retirer leurs blessés des maisons voisines de la rivière. Plusieurs payèrent de leur sang ces dernières tentatives. Ceux des leurs qu'ils ne purent emmener périrent dans les flammes.

Le matin, avant quatre heures, on vit des fantassins

français courir, de quartier en quartier, la torche à la main. Ils procédaient méthodiquement, suivant les instructions qui leur avaient été données la veille. Sur leur parcours, dans ces avenues de Courcelles et de la rue Dessous, qui s'allongent presque en droite ligne au milieu des vignes et des vergers, dans les rues étroites et les replis sinueux de Faramand, sur les points désignés d'avance, les flammes jaillissaient bruyamment, marquant, de proche en proche, la route suivie par les soldats incendiaires. La ville se trouva bientôt entourée d'un cercle de feu. A la clarté de ce vaste embrasement, on apercevait l'infanterie ennemie qui, comme si elle eût été prise d'un accès d'épouvante, fuyait en désordre du côté de Pupillin.

Heureusement l'air était parfaitement calme; en outre, dans leur précipitation, les soldats chargés de mettre le feu exécutèrent assez mal les ordres qu'ils avaient reçus, et les dégâts furent, en somme, moins grands qu'on n'aurait pu le craindre d'abord. Ils l'eussent été encore beaucoup moins, si l'on avait eu la possibilité de combattre les progrès de l'incendie; la cavalerie ennemie resta encore deux heures sur les lieux, gardant les issues et empêchant toute sortie des habitants.

Quoi qu'il en soit, les Arboisiens furent vite consolés. Ils ne pouvaient désirer, disaient-ils, un plus beau feu de joie pour célébrer leur victoire. Pour comble de bonheur, c'était la main même de l'ennemi qui l'avait allumé, leur fournissant ainsi l'occasion de donner le plus éclatant témoignage de fidélité à Philippe V, roi d'Espagne, comte de Bourgogne, leur souverain héréditaire.

Cet incendie, ordonné et exécuté de sang-froid, pèsera à tout jamais sur la mémoire du comte d'Aspremont. Avant même que les Arboisiens eussent relevé leurs murs ruinés et réparé leurs désastres, une voix protestait dans cette ville contre l'abus de la force, au nom de la conscience humaine outragée, et l'historien anonyme du siège flétris-

sait, dans un langage à la fois naïf et touchant, cette sauvage et inutile dévastation : « Quelle honte à l'humanité
« de faire le mal pour le mal même, quand il n'en résulte
« aucun avantage ! Les âmes vraiment généreuses ne sont
« pas capables de tels forfaits. Il n'est que la rage et le
« désespoir d'un forcené, honteux d'avoir manqué son
« coup, qui puisse s'y livrer. Le Dieu des armées et des
« victoires n'est-il pas en même temps un Dieu de charité,
« qui, dans les horreurs des plus terribles batailles, or-
« donne et veut qu'on ne fasse à autrui que ce qu'on
« voudrait être fait à soi-même ? »

On peut se demander comment le gouvernement espagnol a pu tarder si longtemps à secourir une ville que toute la province savait dans le plus pressant danger. Salins, qui n'est qu'à deux lieues, possédait une forte garnison, une bourgeoisie nombreuse, parfaitement exercée, et avait reçu l'avis de M. de Mérona implorant du secours. N'aurait-elle donc répondu à cet appel que par l'indifférence et l'abandon ? Suivant M. Bousson de Mairet, deux cents jeunes Salinois environ seraient partis le 28 mars pour secourir leurs voisins ; ils seraient parvenus, malgré l'ennemi, à s'introduire dans Arbois où ils auraient tout d'abord saccagé le prieuré. Ce sont là des faits précis, d'une sérieuse importance, et cependant notre manuscrit, qui relate parfois des circonstances insignifiantes, n'en dit absolument rien. Ces faits auraient-ils pu rester ignorés d'un arboisien contemporain et sans doute témoin oculaire des événements qu'il raconte? La publication de M. Vayssière jette quelque lumière sur ces points obscurs et permet d'établir que le détachement est parti de Salins, mais qu'il n'est pas entré dans Arbois. Le 28 mars, en effet, deux cents volontaires de la bourgeoisie salinoise s'assemblent dans le couvent des Cordeliers et demandent un chef qui les conduise au secours d'Arbois. Le Magistrat invite le commandant militaire à adjoindre à cette troupe quatre cents soldats de la garnison ; cet officier refuse en déclarant qu'il ne peut assumer la responsabilité d'une mesure aussi grave ; il consent toutefois à accorder trente soldats qui, avec un nombre égal de bourgeois, porteront des munitions de guerre aux assiégés. Le Magistrat eut beau insister et représenter avec force la nécessité de secourir cette ville et la facilité qu'offrait cette opération, les volontaires furent congédiés. Un grand nombre d'entre eux ne laissèrent pas que de marcher sans chef du côté d'Arbois ; ils se répandirent dans les bois voisins pour incommoder et fatiguer l'ennemi.

C'était de Besançon que devait venir l'armée de secours. Quand éclata cette seconde guerre avec la France, l'Espagne, prise encore au dépourvu, ne disposait dans la province que de forces insuffisantes. Elle fondait de grandes espérances sur la venue du prince de Vaudemont qui devait passer d'Allemagne en Franche-Comté et prendre la direction des opérations militaires. Il est vrai que, le 28 mars, le prince entrait dans Besançon, mais sans armée, suivi seulement de quelques cavaliers.

A peine arrivé, le nouveau général tint un conseil de guerre et proposa de partir sur le champ au secours d'Arbois. Il était de la plus grande importance, disait-il, d'encourager les autres villes à la résistance et d'empêcher les Français de s'emparer de Salins. Il prit avec lui la noblesse comtoise, rallia deux cents chevaux sur sa route, et le 30 avant la nuit il était dans Salins, où il donnait l'ordre de tirer du fort Saint-André quelques volées de canon pour annoncer aux assiégés l'arrivée du secours. Nous ignorons si les Arboisiens entendirent le signal et en comprirent la signification ; quant à l'ennemi, nous avons vu qu'il s'empressa de faire son profit du renseignement qui lui parvint.

Le 31 mars à la pointe du jour, partait de Salins une petite armée comprenant les troupes arrivées la veille, l'infanterie de la garnison, un régiment de dragons et la bourgeoisie. Vers huit heures, elle parut sur les montagnes qui dominent Arbois à l'est, et elle eût pu apercevoir sur les sommets opposés les derniers cavaliers du corps de d'Aspremont fuyant dans la direction du couchant. Un épais nuage de fumée planait sur la ville ; on n'entendait ni canon, ni mousqueterie, et l'armée de secours aurait pu supposer qu'elle arrivait trop tard, si elle n'avait reconnu l'étendard de Bourgogne flottant encore au sommet du clocher. A dix heures enfin elle faisait son entrée dans la ville.

Les maisons en cendres, les remparts à demi ruinés, les décombres qui couvraient le sol, attestaient les rudes combats des jours précédents et la cruelle brutalité de l'ennemi. Le prince de Vaudemont fut touché du spectacle qu'il avait sous les yeux : il admira l'héroïsme de cette population qui, accablée par la fatigue, brisée par tant d'émotions, avait à cœur néanmoins de témoigner à ses libérateurs sa joie et sa reconnaissance. Il tint M. de Mérona étroitement serré dans ses bras, rendit un hommage public à sa bravoure et à ses talents militaires et lui exprima le désir de voir sous les armes ses intrépides combattants. « Tous, hommes et femmes, lui dit-il, se sont montrés braves soldats, tous assisteront à la monstre (revue) qui se fera dans une heure. »

Les habitants se rassemblèrent sur la grande place, groupés par dizaines. M. Bousson de Mairet a décrit leur pittoresque costume (1). Ils portaient le *sarreau*, long habit de droguet à grandes basques, vert pour les chefs, blanc pour les soldats ; une veste de couleur blanche, dont les poches, larges et profondes, tombaient sur les cuisses et servaient de giberne, serrée à la taille par une ceinture de cuir noir ; une culotte blanche, de longues guêtres, dont

_____

(1) Soirées Jurassiennes. Le frère Hilarion. Paris 1858.

la partie supérieure recouvrait le genou, et qu'assujettis-
saient des jarretières en laine rouge ; sur la tête un cha-
peau triangulaire, ou un bonnet de laine blanche terminé
en pointe, posé sur une longue chevelure flottante. A la
suite des bourgeois, se tenaient les femmes et les filles, en
rang, armées de piques et gardant, sous cette tenue guerrière, « la modestie et la bienséance qui leur doivent être
naturelles. » Le prince voulut donner quelque argent pour
des fêtes et des réjouissances populaires ; on l'accepta, mais
en demandant qu'il fût consacré à l'achat de munitions et
au rétablissement des brèches faites par le canon de l'ennemi. Aussitôt après cette revue, le prince de Vaudemont,
renonçant à poursuivre l'ennemi, repartit pour Salins et
rentra le lendemain même à Besançon.

L'échec des Français sous les murs d'Arbois eut quelque
retentissement. En France, il est vrai, on en parla peu ;
mais les étrangers furent moins discrets. Le Mercure
Hollandais enregistra le fait avec une satisfaction peu dé-
guisée. « M. d'Aspremont, dit cette gazette, arriva avec
quatre mille hommes devant la petite ville d'Arbois qu'il
attaqua avec beaucoup de furie, mais fut bravement repoussé par ceux du dedans, quoiqu'il n'y eût qu'une simple
muraille à l'entour de la ville et qu'il n'y eût point d'autre
garnison que de bourgeois... Il leva le siége après avoir
mis par dépit le feu à toutes les maisons d'alentour et
ayant perdu trois cents hommes devant la place. » Le
Salinois anonyme, auteur des mémoires publiés par M.
Vayssière, attribue le départ des Français à l'intercession
de Notre-Dame Libératrice de Salins. « La miséricorde de
Dieu, par la protection de sa Sainte Mère, notre grande
Libératrice, à laquelle ceux d'Arbois s'étaient voués, a ré-
primé l'audace et les efforts de ces farouches assiégeants
qui se moquaient ouvertement de cette toute puissante pro-
tectrice, lorsqu'on leur disait que le peuple d'Arbois s'était
rendu à elle. »

La ville d'Arbois reçut des félicitations de toute la province, du gouverneur, de l'archevêque, de la chambre de justice, des magistrats et commandants des villes et forteresses. Dans une lettre du 24 avril, le capitaine général des Pays-Bas, le comte de Monterey, promit aux habitants de rendre compte à S. M. « de leur grand zèle pour son service, afin qu'elle leur en sût le bon gré que méritaient leur fidélité et valeur exemplaires. » Sur un autel élevé dans l'église des Tiercelines et consacré à saint Claude la ville fit graver l'inscription commémorative qui suit :

ArbosIanI DIe nonagesIMo GaLLos eXpVLerVnt :
CLaVDIo MartyrI Vrbs ArbosIana VoVIt.
« Les Arboisiens le 90ᵉ jour de l'année 1674 ont repoussé les Français :
A Claude martyr la ville a voué ce monument (1).

On ne peut pas dire que la résistance d'Arbois n'ait eu aucun effet sur les événements qui suivirent. Les progrès des Français, si faciles et si rapides jusque-là, furent brusquement arrêtés. Les populations des montagnes se levèrent, la fière province avait secoué sa léthargie. Les habitants d'Orgelet, aidés de leurs voisins, massacrent ou font prisonniers les Français qui sont entrés dans leurs murs ; des villageois conduits par leurs curés emportent Pont-de-Roide et font main basse sur les ennemis qui l'occupaient. Dans ce brillant retour offensif, qui en définitive sauvait l'honneur et la dignité des vaincus, les Arboisiens avaient la gloire d'avoir donné le signal.

Le 18 avril, le prince de Vaudemont suivi de troupes régulières et de quelques compagnies Salinoises reparaissait à Arbois ; de là, prenant avec lui les dizaines de cette ville, il se dirigea sur Poligny, où l'ennemi était en force. Deux vigoureux assauts échouèrent et le prince revint sur

(1) Les reliques de saint Claude martyr avaient été déposées par les soins du chanoine Louvet, dans la chapelle des Tiercelines le 26 juin 1672.

ses pas. Mais, comtois de cœur et de tête, les Arboisiens voulurent jusqu'au bout garder l'espoir du succès et l'illusion de la revanche. On les vit reprendre à eux seuls et pour leur compte la tentative où avaient échoué les troupes espagnoles. Sachant que l'armée française craignant une nouvelle attaque avait évacué Poligny, en y laissant ses magasins, ils se présentèrent pour s'en emparer. Ils comptaient être reçus en amis, en libérateurs, en défenseurs de la cause commune de la patrie et de l'honneur national. La déception fut cruelle ; une décharge meurtrière les accueillit au moment où ils arrivaient sans défiance et plusieurs périrent victimes de cette trahison inouïe.

La vieille réputation de loyauté dont les Comtois étaient si fiers reçut en cette circonstance une grave atteinte et le guet-apens de Poligny est assurément un des épisodes douloureux de notre histoire.

Les habitants de cette ville craignaient, dit-on, le retour de l'ennemi et d'implacables vengeances. C'est ainsi qu'on a tenté d'excuser leur conduite coupable. A cette excuse, qu'il nous soit permis d'en ajouter une autre.

Des défaillances nombreuses, des défections, et, si l'on veut dire le mot vrai et parler comme le peuple, des trahisons, marquèrent ces jours troublés. Mais ne peut-on dire que la Franche-Comté, en repoussant cette domination française qui lui apportait le repos et la prospérité, faisait violence aux lois naturelles dont tant d'esprits éclairés reconnaissaient dès cette époque l'impérieuse nécessité ? Quels principes pouvait-elle invoquer ? Ainsi que l'a justement remarqué M. Perraud (1), aucun de ces grands mobiles qui mettent aux peuples les armes à la main, religion, propriété, nationalité même, n'était sérieusement en jeu; tout cela était mieux assuré par la conquête. Toutes les causes de rapprochement et d'union, « contiguïté des fron-

(1) Lacuzon d'après de nouveaux document. Lons-le-Saunier 1867.

tières, rapports commerciaux, alliances de familles, conformité des usages, de la religion et de la langue, » toutes les convenances, tous les droits en un mot, donnaient raison aux prétentions de la France. Le jour était venu où les destins trouvaient leur voie, où le rameau accidentellement détaché du tronc faisait retour à l'arbre maternel. Faut-il s'étonner que les consciences flottantes et indécises n'aient pas su où se prendre et que, dans le désarroi des convictions et l'effrondement des intérêts, elle aient montré de l'hésitation et de la faiblesse ?

Les Arboisiens ne voyaient pas si loin : les raisonnements raffinés ou subtils n'avaient pas prise sur leur nature franche et droite ; l'instinct populaire fut plus puissant et n'était pas un guide moins sûr que les calculs savants et les prévisions de la haute politique : l'honneur parlait, ils ne voulurent pas d'autres oracles. Et voilà pourquoi ils résistèrent au comte d'Aspremont qu'ils vainquirent, au duc de la Feuillade qui les dompta, et pourquoi aussi, longtemps encore après que la conquête fut un fait accompli, ils protestèrent (1) contre la violence qu'ils su-

(1) La haine contre les Français persista longtemps dans Arbois, ainsi que le prouve le passage suivant des *notes historiques extraites des registres de l'hotel de ville*]:

29 décembre 1674. Le jour d'hier, deux passants venant contre cette ville et arrivés qu'ils furent à la descente d'une ruelle venant de Curon, l'un des deux a assommé son compagnon, qui était un soldat français, selon que l'assure la femme d'Antoine Grand, qui a été témoin du fait, mais qui ne connaît pas le bourgeois auteur de l'homicide.

NOTA.— Ces assassinats connus sous le nom de petite guerre, arrivaient assez fréquemment, surtout dans le chemin des Engoulirons. Malheur au soldat isolé... Il reste encore quelques familles à Mesnay dont les ancêtres se sont distingués dans la petite guerre.

Cette haine contre les conquérants était partagée par le clergé lui-même. On rapporte à ce sujet une anecdote qui était une tradition de la familiarité de St-Just et qu'à ce titre on peut regarder comme certaine. Les religieux du Prieuré et les Familiers de St-Just avaient été in-

bissaient. Et puisqu'enfin, comme le dit éloquemment l'historien de Lacuzon en parlant de son héros, la France faisait appel à la force pour les ramener dans le sein de la grande famille, ils voulurent du moins, ainsi qu'il convenait aux descendants d'une race guerrière, y entrer le front haut et le fer à la main.

vités à faire des prières publiques pour le roi de France. Le dimanche venu, en présence des magistrats et d'une nombreuse assistance, les chantres entonnèrent le psaume 108 qui leur avait été désigné. Or ce psaume renferme les versets suivants dont on fit l'application à Louis XIV :

5 Constitue, Domine, super eum peccatorem, et diabolus stet à dextris ejus.

6 Cùm judicabitur, exeat condemnatus, et oratio ejus fiat in peccatum.

7 Fiant dies ejus pauci, et episcopatum ejus accipiat alter.

8 Fiant filii ejus orphani, et uxor ejus vidua.

9 Nutantes transferantur filii ejus et mendicent, et ejiciantur de habitationibus suis.

Aucun des magistrats présents n'était français. Il ne fut donné aucune suite à l'affaire, qui se trouva ainsi assoupie.